Impressum
Verlag: BABADADA GmbH, Nedderfeld 112 , 22529 Hamburg
Geschäftsführer / Verlagsleitung: Harald Hof
Druck: Books on Demand GmbH, In de Tarpen 42, 22848 Norderstedt

Imprint
Publisher: BABADADA GmbH, Nedderfeld 112 , 22529 Hamburg, Germany
Managing Director / Publishing direction: Harald Hof
Print: Books on Demand GmbH, In de Tarpen 42, 22848 Norderstedt, Germany

## مدرسه

## школа

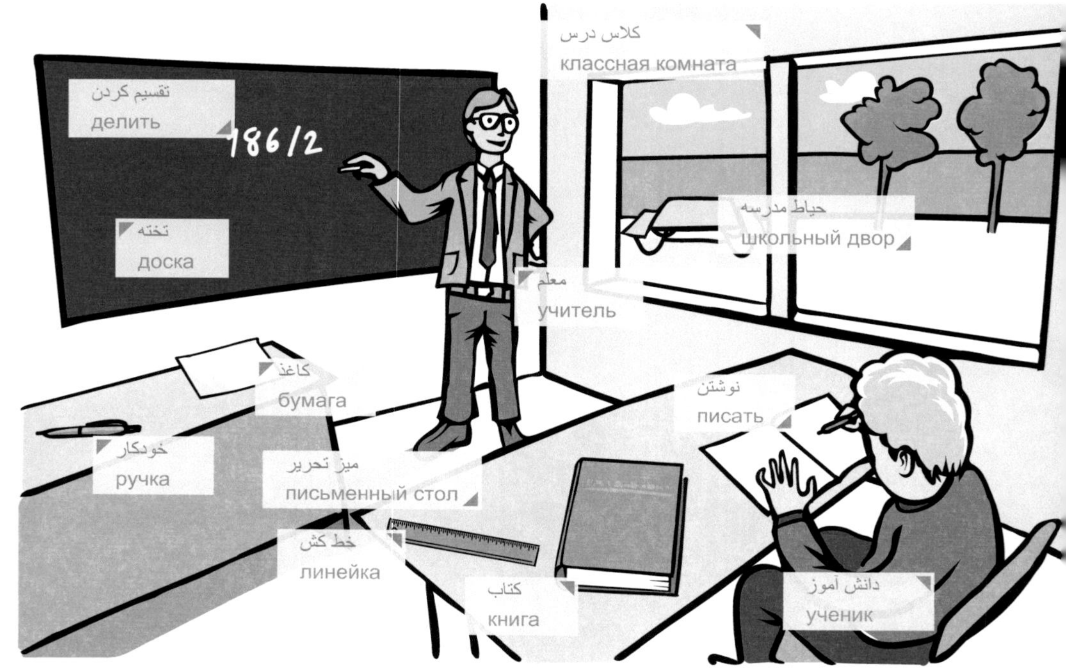

کلاس درس
классная комната
تقسیم کردن
делить
186/2
تخته
доска
حیاط مدرسه
школьный двор
معلم
учитель
کاغذ
бумага
نوشتن
писать
خودکار
ручка
میز تحریر
письменный стол
خط کش
линейка
کتاب
книга
دانش آموز
ученик


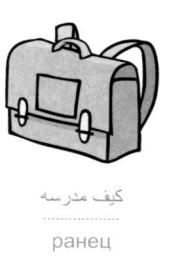

کیف مدرسه

ранец

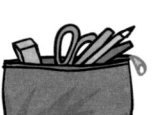

جامدادی

пенал

مداد

карандаш

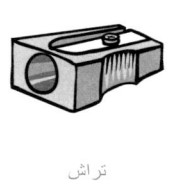

تراش

точилка

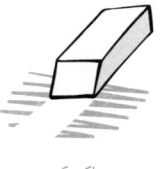

پاک کن

ластик

دفتر رسم

альбом для рисования

طراحی

рисунок

قلم مو

кисточка

جعبه ی آبرنگ

коробка красок

قیچی

ножницы

چسب

клей

کتاب تمرین

тетрадь

تکلیف خانه

домашняя работа

رقم

цифра

جمع کردن

прибавлять

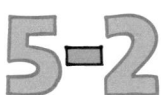

تفریق کردن

вычитать

ضرب کردن

умножать

محاسبه کردن

считать

حرف الفبا

буква

الفبا

алфавит

کلمه

слово

مدرسه - школа

3

متن

текст

خواندن

читать

گچ

мел

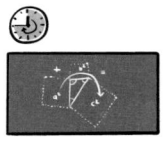

درس

урок

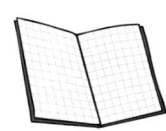

ثبت نام

классный журнал

امتحان

экзамен

مدرک رسمی

диплом

لباس مدرسه

школьная форма

تحصیلات

образование

دانشنامه

энциклопедия

دانشگاه

университет

میکروسکوپ

микроскоп

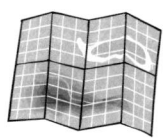

نقشه

карта

سبد کاغذ باطله

корзина для бумаг

هتل
Grand
مسافرخانه
турбаза
ROOMS
EXCHANGE
صرافی
пункт обмена валюты
چمدان
чемодан
اتومبیل
автомобиль

زبان

язык

بله / خیر

да / нет

اُکی

хорошо

سلام

Привет

مترجم

переводчик

ممنون

Спасибо

قیمت ... چه قدر است؟

Сколько стоит…?

من متوجه نمی شوم

Я не понимаю

مشکل

проблема

عصر بخیر! / شب بخیر!

Добрый вечер!

صبح بخیر!

Доброе утро!

شب بخیر!

Доброй ночи!

خدانگهدار

До свидания

جهت

направление

بار سفر

багаж

کیف

сумка

کوله پشتی

рюкзак

مهمان

гость

اتاق

комната

کیسه خواب

спальный мешок

خیمه

палатка

مرکز راهنمای گردشگران

туристическая информация

ساحل

пляж

کارت اعتباری

кредитная карточка

صبحانه

завтрак

نهار

обед

شام

ужин

بلیط

билет

آسانسور

лифт

مهر

почтовая марка

مرز

граница

گمرک

таможня

سفارتخانه

посольство

ویزا

виза

گذرنامه

паспорт

# حمل و نقل

# транспорт

هواپیما
самолёт
کشتی
корабль
ماشین آتش نشانی
пожарный автомобиль
اتوبوس
автобус
کامیون
грузовик
قایق موتوری
моторная лодка
دوچرخه
велосипед
اتومبیل
автомобиль

کشتی مسافربری

паром

قایق

лодка

موتورسیکلت

мотоцикл

ماشین پلیس

полицейский автомобиль

ماشین مسابقه

гоночный автомобиль

ماشین کرایه ای

арендованный автомобиль

به اشتراک گذاری اتوموبیل

совместное пользование
автомобилями

جرثقیل

буксировочный
автомобиль

ماشین حمل زباله

мусоровоз

موتور

двигатель

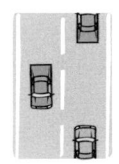

بنزین

топливо

پمپ بنزین

заправка

تابلو راهنمایی و رانندگی

дорожный знак

عبور و مرور

движение

ترافیک

пробка

پارکینگ

автостоянка

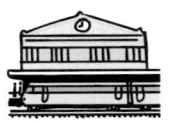

ایستگاه قطار

вокзал

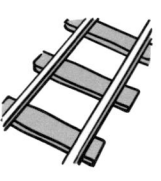

ریل راه اهن

рельсы

قطار

поезд

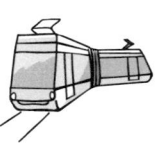

قطار برقی

трамвай

واگن

вагон

هليكوپتر

вертолёт

فرودگاه

аэропорт

برج

вышка

مسافر

пассажир

کانتینر

контейнер

کارتن

коробка

گاری

тележка

سبد

корзина

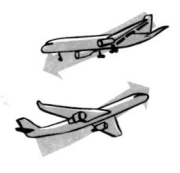

به پرواز درآمدن / فرود آمدن

взлетать / приземляться

## شهر

## город

دهکده

деревня

مرکز شهر

центр города

خانه

дом

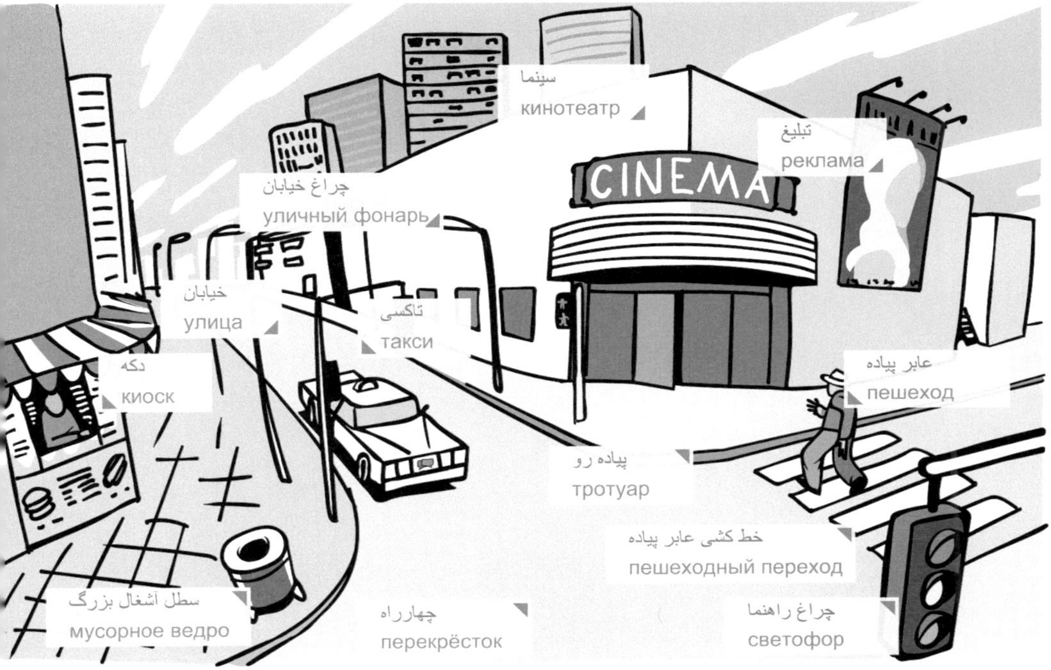

سینما
кинотеатр
تبلیغ
реклама
CINEMA
چراغ خیابان
уличный фонарь
خیابان
улица
تاکسی
такси
دکه
киоск
عابر پیاده
пешеход
پیاده رو
тротуар
خط کشی عابر پیاده
пешеходный переход
سطل آشغال بزرگ
мусорное ведро
چهارراه
перекрёсток
چراغ راهنما
светофор

کلبه

хижина

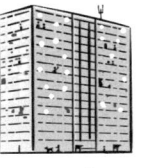

آپارتمان

квартира

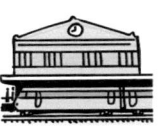

ایستگاه قطار

вокзал

ساختمان شهرداری

ратуша

موزه

музей

مدرسه

школа

دانشگاه

университет

بانک

банк

بیمارستان

больница

هتل

гостиница

داروخانه

аптека

اداره

офис

کتابفروشی

книжный магазин

مغازه

магазин

گل فروشی

цветочный магазин

سوپرمارکت

супермаркет

بازار

рынок

فروشگاه بزرگ

универмаг

ماهی فروش

торговец рыбой

مرکز خرید

торговый центр

بندر

порт

پارک

парк

نیمکت

скамейка

پل

мост

پله

лестница

مترو

метро

تونل

тоннель

ایستگاه اتوبوس

автобусная остановка

میخانه

бар

رستوران

ресторан

صندوق پست

почтовый ящик

تابلوی خیابان

табличка с названием
улицы

دستگاه پارکومتر

паркометр

باغ وحش

зоопарк

استخر شنای عمومی

бассейн

مسجد

мечеть

مزرعه

ферма

آلودگی محیط زیست

загрязнение окружающей среды

قبرستان

кладбище

کلیسا

церковь

زمین بازی

детская площадка

معبد

храм

# چشم انداز

# ландшафт

برگ
лист
تابلوی راهنمای مسیر
дорожный указатель
راه
дорога
چمنزار
луг
سنگ
камень
راه نورد
путешественник
درخت
дерево
رودخانه
река
چمن
трава
گل
цветок

دره

долина

تپه

гора

دریاچه

озеро

جنگل

лес

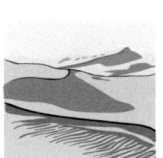

بیابان

пустыня

کوه آتشفشان

вулкан

قلعه

замок

رنگین کمان

радуга

قارچ

гриб

درخت نخل

пальма

پشه

комар

مگس

муха

مورچه

муравей

زنبور

пчела

عنکبوت

паук

سوسک

жук

قورباغه

лягушка

سنجاب

белка

جوجه تیغی

еж

خرگوش صحرایی

заяц

جغد

сова

پرنده

птица

قو

лебедь

گراز

кабан

گوزن نر

олень

گوزن شمالی

лось

سد آب

плотина

توربین بادی

ветряной генератор

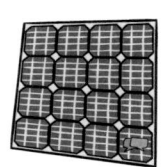

صفحه ی خورشیدی

солнечная батарея

آب و هوا

климат

# رستوران

# ресторан

официант
منوی غذا
меню
صندلی
стул
سوپ
суп
پیتزا
пицца
سرویس کارد و قاشق و چنگال
столовые приборы
رومیزی
скатерть

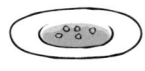

پیش‌غذا

закуска

غذای اصلی

главное блюдо

دسر

десерт

نوشیدنی ها

напитки

غذا

еда

بطری

бутылка

فست فود

фастфуд

اغذیه خیابانی

уличная еда

قوری

чайник

قندان

сахарница

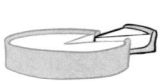

پُرس غذا

порция

دستگاه اسپرسو

кофеварка

صندلی پایه بلند غذاخوری بچه

детский стульчик

صورتحساب

счет

سینی

поднос

چاقو

нож

چنگال

вилка

قاشق

ложка

قاشق چایخوری

чайная ложка

دستمال سفره

салфетка

لیوان

стакан

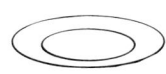

بشقاب

тарелка

بشقاب سوپخوری

суповая тарелка

نعلبکی

блюдце

سس

соус

نمکدان

солонка

فلفل ساب

мельница для перца

سرکه

уксус

روغن خوراکی

масло

ادویه جات

специи

سس کچاپ

кетчуп

سس خردل

горчица

سس مایونز

майонез

# سوپرمارکت

# супермаркет

پیشنهاد ویژه
специальное предложение
FOR
مشتری
покупатель
لبنیات
молочные продукты
میوه جات
фрукты
چرخ دستی خرید
тележка для покупок

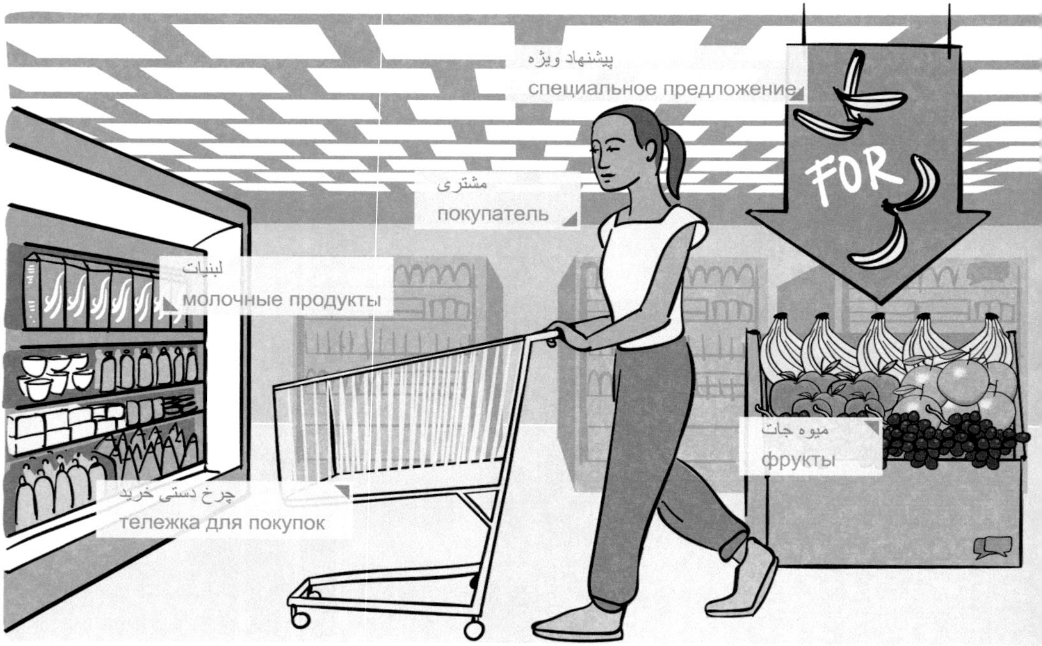

قصابی

мясной магазин

نانوایی

пекарня

وزن کردن

взвешивать

سبزیجات

овощи

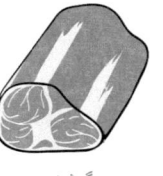

گوشت

мясо

غذای منجمد

быстрозамороженные продукты

مخلوطی از انواع کالباس یا پنیر ک
ورقه ای بریده شده باشند

нарезка

غذای کنسروی

консервы

پودر لباسشویی

стиральный порошок

شیرینی جات

сладости

لوازم خانگی

предмет домашнего обихода

ماده شوینده و پاک کننده

моющее средство

فروشنده

продавщица

صندوق پرداخت

касса

صندوقدار

кассир

لیست خرید

список покупок

ساعات کار

время работы

کیف پول

бумажник

کارت اعتباری

кредитная карточка

کیف

сумка

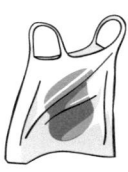

کیسه ی پلاستیکی

полиэтиленовый пакет

# نوشیدنی ها

# напитки

آب

вода

آبمیوه

сок

شیر

молоко

نوشابه کوکاکولا

кока-кола

شراب

вино

آبجو

пиво

الکل

алкоголь

کاکائو

какао

چای

чай

قهوه

кофе

قهوه اسپرسو

эспрессо

کاپوچینو

капучино

# غذا

## еда

موز

банан

سیب

яблоко

پرتقال

апельсин

انواع هندوانه و خربزه

арбуз

لیمو

лимон

هویج

морковь

سیر

чеснок

نی بامبو

бамбук

پیاز

лук

قارچ

гриб

آجیل

орехи

ماکارونی

лапша

اسپاگتی

спагетти

برنج

рис

سالاد

салат

سیب زمینی سرخ کرده

картофель фри

سیب زمینی سرخ شده

жареный картофель

پیتزا

пицца

همبرگر

гамбургер

ساندویچ

сэндвич

شنیتسل

шницель

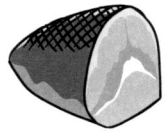

ژامبون خوک

ветчина

سالامی

салями

سوسیس

колбаса

مرغ

курица

نوعی گوشت سرخ شده

жаркое

ماهی

рыба

جوی پرک شده

овсяные хлопья

نوعی صبحانه مخلوطی از برگه ذرت و
میوه های خشک شده و خشکبار که
معمولا با شیر خورده می شود

мюсли

کورن‌فلکس

кукурузные хлопья

ارد

мука

کرواسان

круассан

نان بروتشن

булочка

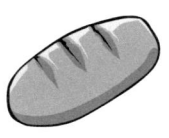

نان

хлеб

نان تست

тост

بیسکویت

печенье

کره

масло

کشک

творог

کیک

пирог

تخم مرغ

яйцо

تخم مرغ نیمرو

яичница

پنیر

сыр

بستنى

мороженое

شكر

сахар

عسل

мёд

مربا

мармелад

كرم شكلاتى بادامى

крем с нугой

ادويه كارى

карри

مزرعه

خانه ی مزرعه داران
крестьянский дом
انبار غله
сарай
خرمن‌گاه
тюк из соломы
مزرعه
поле
اسب
лошадь
ماشین یدک کش
прицеп
تراکتور
трактор
کره اسب
жеребёнок
خر
осёл
گوسفند
овца
بره
ягнёнок

بز
коза

گاو ماده
корова

گوساله
телёнок

خوک
свинья

بچه خوک
поросёнок

گاو نر
бык

غاز

гусь

اردک

утка

جوجه

цыплёнок

مرغ

курица

خروس

петух

موش صحرایی

крыса

گربه

кошка

موش

мышь

گاو نر اخته

вол

سگ

собака

لانه ی سگ

конура

شلنگ باغبانی

садовый шланг

آبپاش

лейка

داس دسته بلند

коса

گاوآهن

плуг

داس

серп

کج بیل

мотыга

چنگک باغبانی

навозные вилы

تبر

топор

فرقون

тачка

آبشخور

корыто

بطری نگهداری شیر

бидон для молока

کیسه

мешок

حصار

забор

اصطبل

хлев

گلخانه

теплица

خاک

почва

بذر

посев

کود

удобрение

ماشین کمباین

комбайн

برداشت كردن محصول

собирать урожай

محصول

урожай

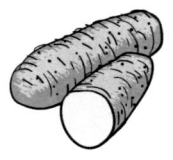

تميس

ямс

گندم

пшеница

سويا

соя

سيب زمينى

картофель

ذرت

кукуруза

كلزا

рапс

درخت ميوه

фруктовое дерево

گياه مانيوک

маниок

غلات

злаки

# خانه

# дом

دودکش
дымоход
پشت بام
крыша
ناودان
водосточный желоб
پنجره
окно
زنگ در
звонок
گاراژ
гараж
در
дверь
سطل آشغال
мусорное ведро
صندوق مراسلات
почтовый ящик
باغ
сад

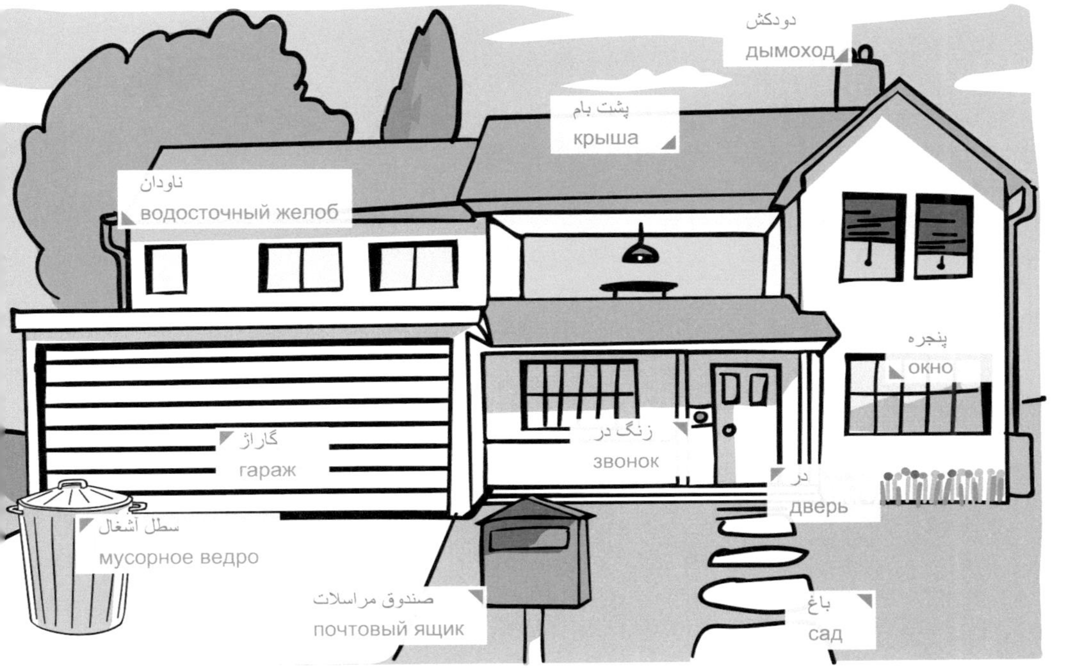

اتاق نشیمن

гостиная

حمام

ванная комната

آشپزخانه

кухня

اتاق خواب

спальня

اتاق بچه

детская комната

ناهارخوری

столовая

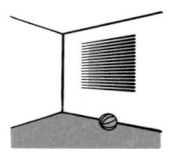

كف زمين

пол

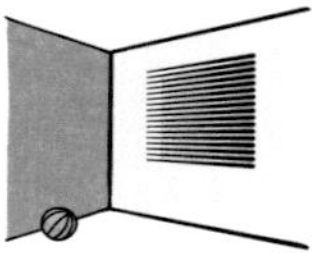

ديوار

стена

سقف

потолок

زيرزمين

подвал

سونا

сауна

بالكن

балкон

تراس

терраса

استخر

бассейн

ماشين چمن‌زنى

газонокосилка

ملافه

пододеяльник

روتختى

покрываго

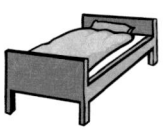

تخت خواب

кровать

جارو

метла

ведро

سطل

سويچ يا كليد

выключатель

# اتاق نشیمن

## гостиная

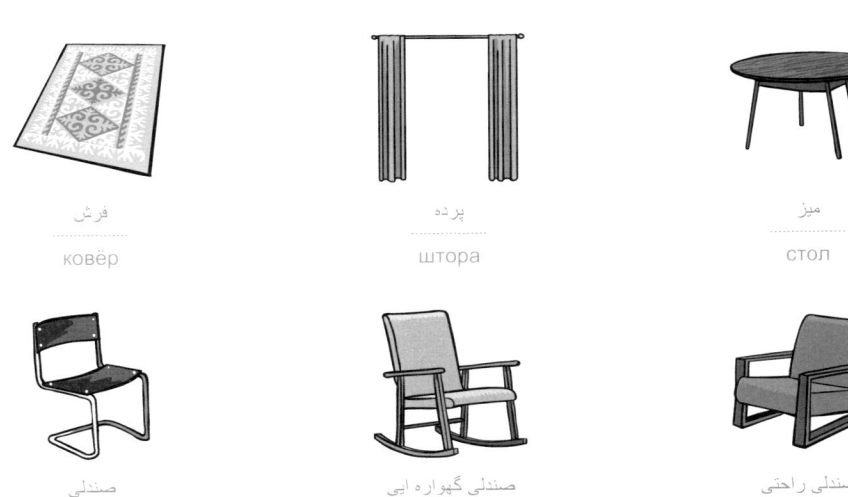

کاغذ دیواری
обои
عکس
рисунок
لامپ
лампа
قفسه
полка
کابینت
шкаф
تلویزیون
телевизор
شومینه
камин
گل
цветок
کوسن
подушка
کاناپه
диван
گلدان
ваза
کنترل تلویزیون و ویدئو و غیره
пульт дистанционного управления

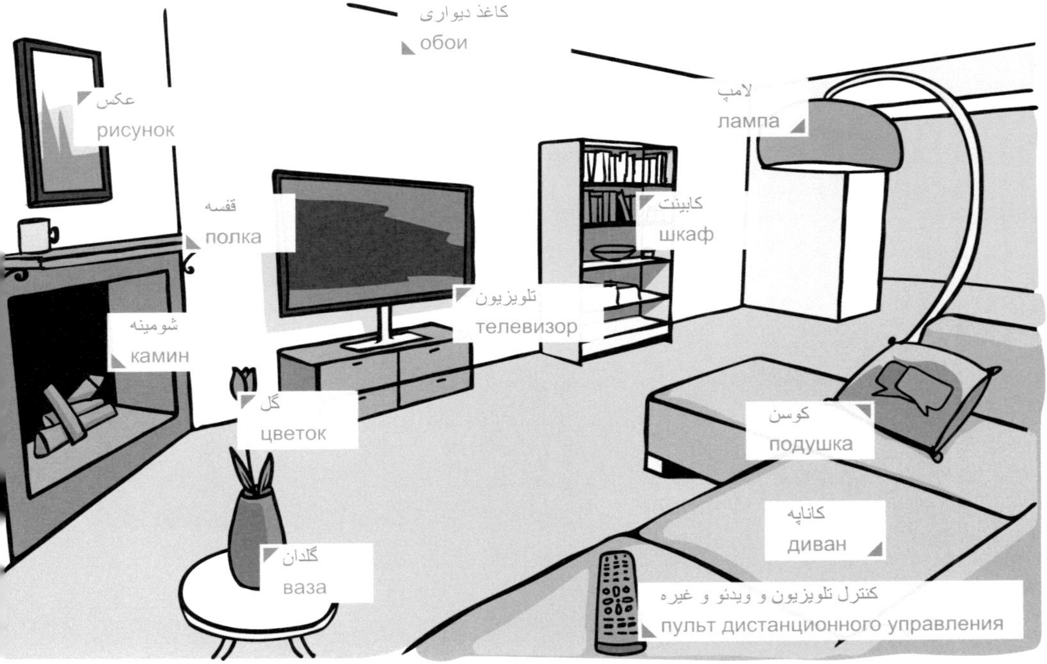

فرش

ковёр

پرده

штора

میز

стол

صندلی

стул

صندلی گهواره ایی

кресло-качалка

صندلی راحتی

кресло

کتاب

книга

لحاف

покрывало

دکوراسیون

украшение

هیزم

дрова

فیلم

фильм

دستگاه ضبط صوت

стереосистема

کلید

ключ

روزنامه

газета

تابلو نقاشی

картина

پوستر

плакат

رادیو

радио

دفترچه یادداشت

блокнот

جاروبرقی

пылесос

کاکتوس

кактус

شمع

свеча

# آشپزخانه

# кухня

یخچال
холодильник
ماکروویو
микроволновая печь
кухонные весы
تُستر
тостер
ماده شوینده و پاک کننده
моющее средство
فر خوراک پزی
духовка
جایخی
морозилка
سطل آشغال
мусорное ведро
ماشین ظرفشویی
посудомоечная машина

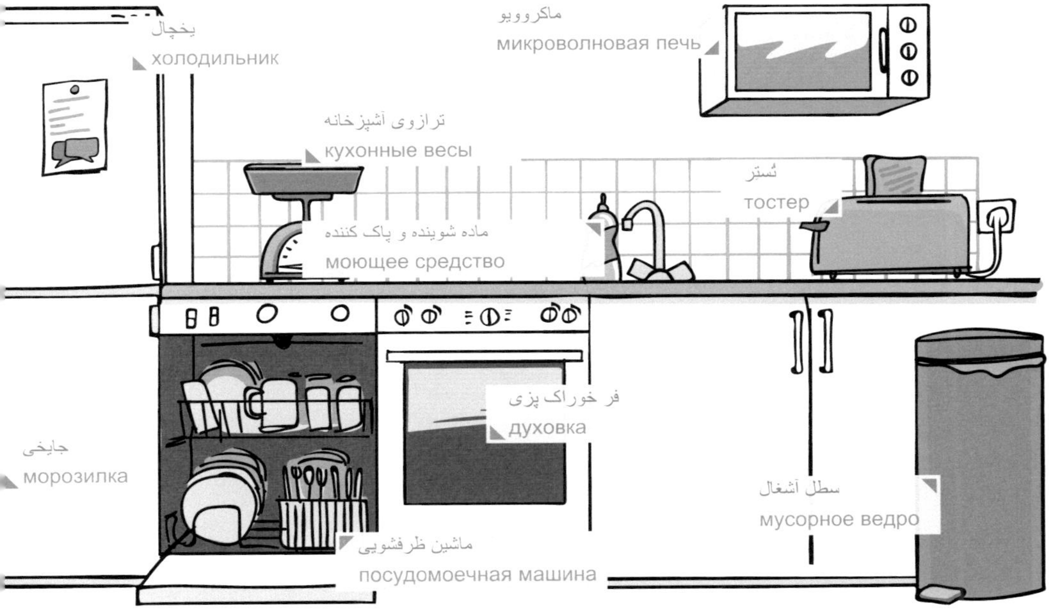

اجاق گاز

плита

قابلمه

кастрюля

قابلمه چدنی

чугунный котелок

ماهی تابه گود

вок / кадай

ماهی تابه

сковорода

کتری

чайник

بخارپز

пароварка

سینی فر

противень

ظرف چینی آشپزخانه

посуда

لیوان

кружка

کاسه

миска

چاپستیک

палочки для еды

ملاقه

половник

کفگیر

лопатка

همزن

сбивалка

آبکش

сито

آبکش

сито

رنده

тёрка

هاون

ступка

باربیکیو

гриль

محل مخصوص افروختن آتش

костёр

تخته گوشت و سبزی

доска

وردنه

скалка

در بطری بازکن

штопор

قوطی

жестяная банка

در قوطی بازکن

консервный нож

دستگیره پارچه ای

прихватка

سینک ظرفشویی

раковина

برس گردگیری

щетка

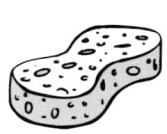

اسفنج

губка

مخلوط کن

миксер

فریزر

морозильная камера

شیشه شیر بچه

бутылочка для кормления

شیر آب

кран

# حمام

# ванная комната

بخاری
отопление
حوله
полотенце
دوش
душ
پرده ی حمام
душевая занавеска
حمام کف
пенистая ванна
وان حمام
ванна
لیوان
стакан
ماشین لباسشویی
стиральная машина
شیر آب
кран
کاشی
плитка
لگن دستشویی کودکان
горшок
سینک ظرفشویی
раковина

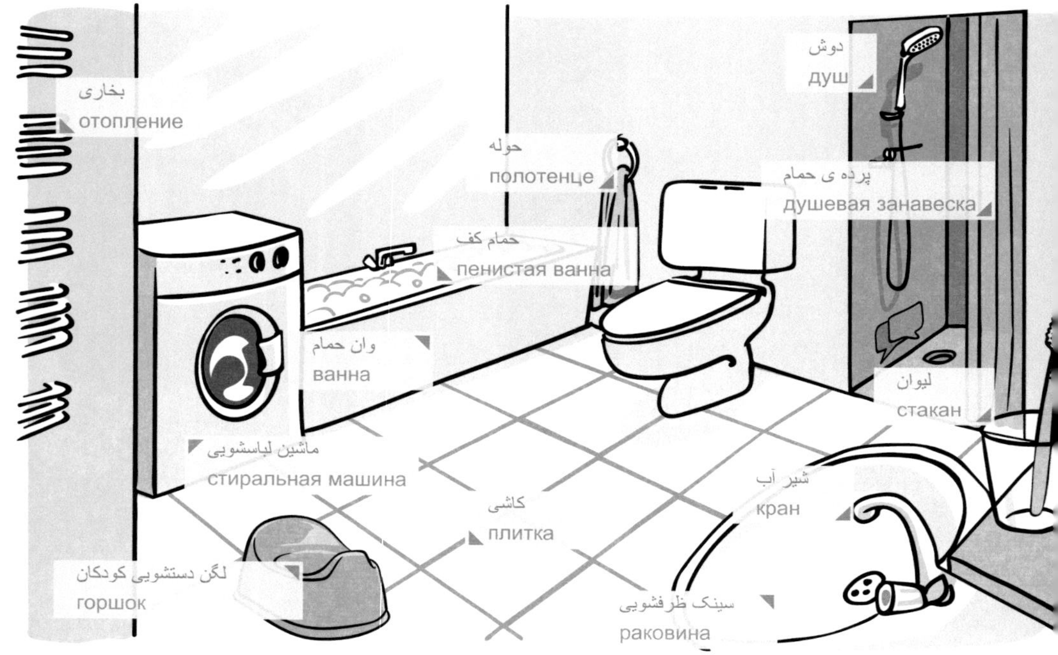

توالت

туалет

توالت ایرانی

напольный унитаз

کاسه توالت

биде

توالت مخصوص آقایان

писсуар

دستمال توالت

туалетная бумага

فرچه توالت

ершик

مسواک

зубная щетка

خمیردندان

зубная паста

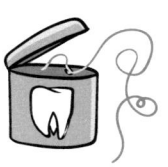

نخ دندان

зубная нить

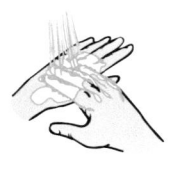

شستن

мыть

دوش آب تلفنی

ручной душ

شلنگ توالت

интимный душ

لگن روشویی

таз

برس شست و شوی پشت

щетка для спины

صابون

мыло

شامپو بدن

гель для душа

شامپو

шампунь

لیف حمام

мочалка

راه آب

сток

کرم

крем

اسپری دئودورانت

дезодорант

حمام  -  ванная комната

آینه

зеркало

آینه ی کوچک دستی

ручное зеркало

تیغ ریش تراشی

бритва

کف ریش‌تراشی

пена для бритья

افترشیو

лосьон после бритья

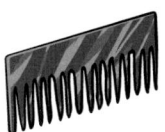

شانه ی سر

расческа

برس

щетка

سشوار

фен

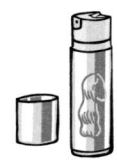

اسپری مو

лак для волос

آرایش

косметика

رژلب

губная помада

لاک ناخن

лак для ногтей

پنبه

вата

قیچی ناخن

маникюрные ножницы

عطر

духи

کیف لوازم ارایشی و بهداشتی

косметичка

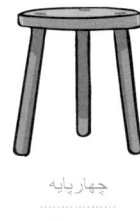

چهارپایه

табуретка

ترازو

весы

حوله ی پالتویی

халат

دستکش ظرفشویی

резиновые перчатки

تامپون

тампон

نوار بهداشتی

гигиеническая прокладка

توالت سیار

биотуалет

حمام  -  ванная комната

# اتاق بچه

# детская комната

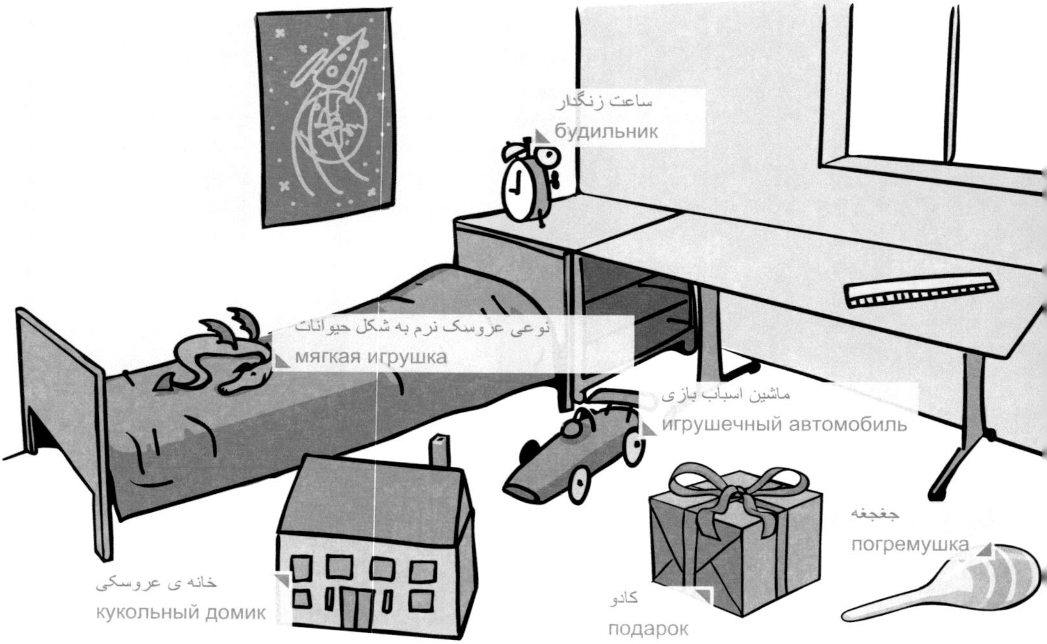

ساعت زنگدار
будильник
نوعی عروسک نرم به شکل حیوانات
мягкая игрушка
ماشین اسباب بازی
игрушечный автомобиль
جغجغه
погремушка
خانه ی عروسکی
кукольный домик
کادو
подарок


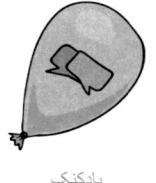

بادکنک

воздушный шар

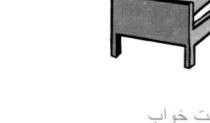

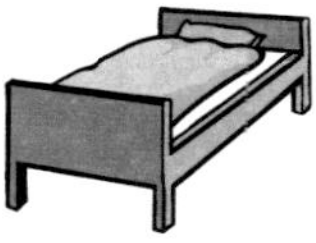

تخت خواب

кровать

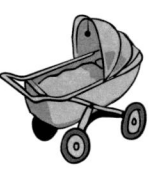

کالسکه بچه

детская коляска

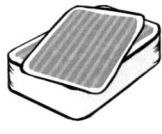

بازی ورق

карточная игра

پازل

пазл

SUPER MEGA


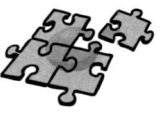

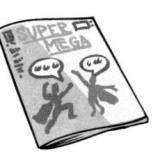

داستان مصور

комикс

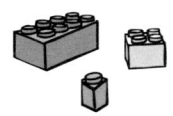

اسباب بازی لگو

кирпичики Лего

خانه سازی

кубики

عروسک شخصیت های فیلم و کارتون

игрушечная фигурка

لباس نوزاد

ползунки

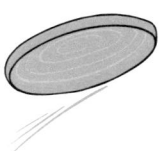

فریزبی

фрисби

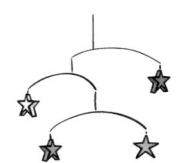

نوعی اسباب بازی که روی تخت نوزاد
یا کودک نصب می شود

мобиле

بازی روی صفحه

настольная игра

تاس

кубик

قطار اسباب بازی

модель железной дороги

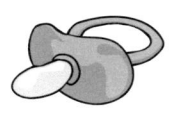

پستانک

соска

مهمانی

вечеринка

کتاب مصور

книга с картинками

توپ

мяч

عروسک

кукла

بازی کردن

играть

جعبه شنی مخصوص بازی کودکان

песочница

تاب

качели

اسباب بازی

игрушка

کنسول بازی های کامپیوتری

игровая приставка

سه چرخه

трёхколесный велосипед

خرس عروسکی

плюшевый медвежонок

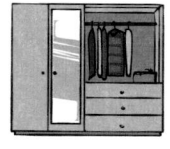

کمد لباس

шкаф для одежды

# لباس

# одежда

جوراب

носки

جوراب زنانه ساق بلند

чулки

جوراب شلواری

колготки

شال
шарф

کمربند
ремень

چتر
зонтик

تی شرت
футболка

کفش ورزشی کتانی
кроссовки

پوتین
сапоги

دمپایی
тапки

صندل
............
сандалии

کفش
............
ботинки

چکمه پلاستیکی
............
резиновые сапоги

شرت
............
трусы

سوتین
............
бюстгальтер

جلیقه
............
майка

بادی

боди

شلوار

брюки

جین

джинсы

دامن

юбка

بلوز

блузка

پیراهن

рубашка

پولیور

свитер

سویی شرت

свитер

نوعی کت

спортивная куртка

ژاکت

жакет

کت بلند

пальто

بارانی

плащ

لباس نمایش

костюм

لباس

платье

لباس عروس

свадебное платье

کت و شلوار

мужской костюм

لباس خواب زنانه

ночная сорочка

پیژامه

пижама

ساری

сари

روسری

платок

عمامه

тюрбан

برقع

паранджа

قبا

кафтан

عبا

абайя

لباس شنا

купальник

شرت شنا

плавки

شلوارک

шорты

لباس ورزشی

спортивный костюм

پیشبند

фартук

دستکش

перчатки

دكمه

пуговица

عینک

очки

دستبند

браслет

گردنبند

цепочка

انگشتر

кольцо

گوشواره

серьга

كلاه لبه دار

шапка

چوب لباسی

вешалка

كلاه

шляпа

كراوات

галстук

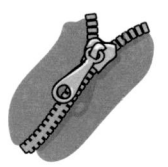

زیپ

застежка молния

كلاه ایمنی

шлем

بند شلوار

подтяжки

لباس مدرسه

школьная форма

لباس فرم

форма

پیش بند بچه

детский нагрудник

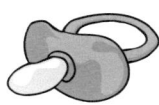

پستانک

соска

پوشک بچه

подгузник

# اداره

# офис

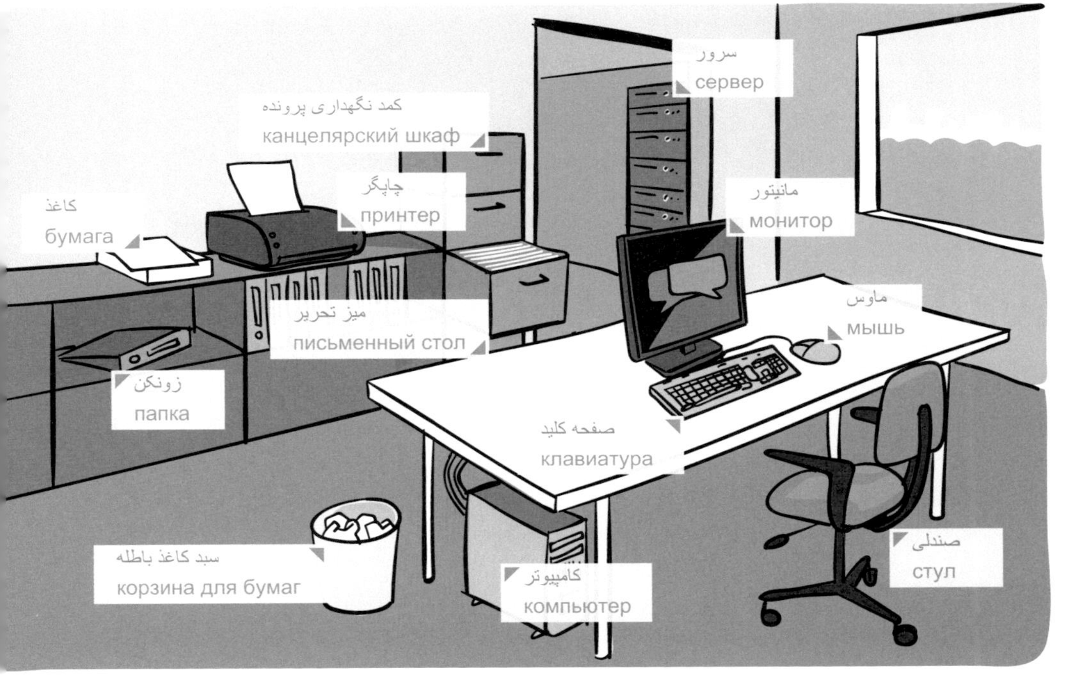

سرور

сервер

کمد نگهداری پرونده

канцелярский шкаф

چاپگر

принтер

مانیتور

монитор

کاغذ

бумага

ماوس

мышь

میز تحریر

письменный стол

زونکن

папка

صفحه کلید

клавиатура

سبد کاغذ باطله

корзина для бумаг

کامپیوتر

компьютер

صندلی

стул

لیوان قهوه

кофейная кружка

ماشین حساب

калькулятор

اینترنت

интернет

لپ تاپ

ноутбук

نامه

письмо

پیغام

сообщение

تلفن همراه

мобильный телефон

شبکه ی ارتباطی

сеть

دستگاه فتوکپی

ксерокс

نرم افزار

программа

تلفن

телефон

پریز

розетка

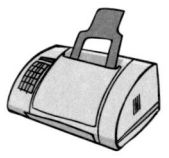

دستگاه فاکس

факс

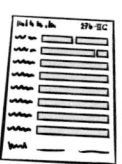

فرم

формуляр

مدرک

документ

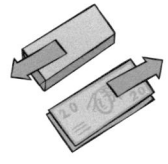

خریدن

покупать

پرداخت کردن

платить

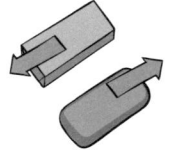

تجارت کردن

торговать

پول

деньги

دلار

доллар

یورو

евро

ین

иена

روبل

рубль

فرانک سوئیس

франк

یوان رنمینبی

жэньминьби юань

روپیه

рупия

دستگاه خودپرداز

банкомат

صرافی

пункт обмена валюты

طلا

золото

نقره

серебро

نفت

нефть

انرژی

энергия

قیمت

цена

قرارداد

договор

مالیات

налог

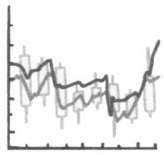

سهام سرمایه

акция

کار کردن

работать

کارمند

служащий

کارفرما

работодатель

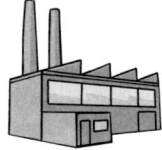

کارخانه

фабрика

مغازه

магазин

# مشاغل
# профессии

مامور پلیس
милиционер
آتش نشان
пожарный
آشپز
повар
دکتر
врач
خلبان
пилот

باغبان
садовник

نجار
столяр

خیاط زنانه
швея

قاضی
судья

شیمیدان
химик

بازیگر
актёр

راننده اتوبوس

водитель автобуса

راننده تاکسی

таксист

ماهیگیر

рыбак

نظافتچی زن

уборщица

سقف ساز

кровельщик

پیشخدمت رستوران

официант

شکارچی

охотник

نقاش

художник

نانوا

пекарь

برقکار

электрик

کارگر ساختمانی

строитель

مهندس

инженер

قصاب

мясник

لوله کش

сантехник

پستچی

почтальон

سرباز

солдат

معمار

архитектор

صندوقدار

кассир

گل فروش

флорист

آرایشگر

парикмахер

مامور کنترل بلیط در قطار

кондуктор

مکانیک

механик

ناخدا

капитан

دندانپزشک

зубной врач

دانشمند

ученый

عالم یهودی

раввин

امام

имам

راهب

монах

کشیش

священник

# ابزارآلات

# инструменты

انبردست
плоскогубцы
چکش
молоток
پیچ گوشتی
отвёртка
چراغ قوه
карманный фо
آچار
гаечный ключ

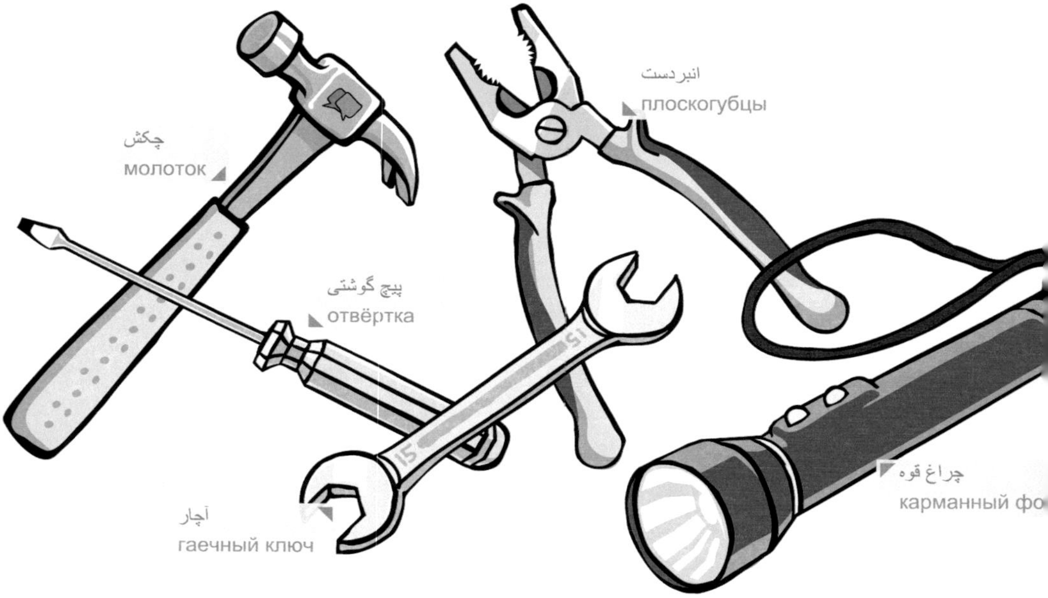

بیل مکانیکی

экскаватор

جعبه ابزار

ящик для инструментов

نردبان

стремянка

ارّه

пила

میخ

гвозди

مته

дрель

تعمیر کردن

ремонтировать

بیل

лопата

لعنتی!

Блин!

خاک انداز

совок

سطل رنگرزی

ведро с краской

پیچ

винты

## آلات موسیقی

## музыкальные инструменты

درامز

ударный инструмент

بلندگو

громкоговоритель

کنترباس

контрабас

ترومپت

труба

گیتار

гитара

پیانو

пианино

ویولن

скрипка

گیتار بیس

бас-гитара

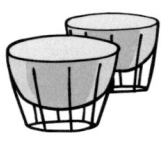

تیمپانی

литавры

طبل

барабан

کیبورد الکتریک

синтезатор

ساکسیفون

саксофон

فلوت

флейта

میکروفون

микрофон

آلات موسیقی  -  музыкальные инструменты

# باغ وحش

# зоопарк

ورودی
вход
ببر
قفس
клетка
گورخر
зебра
خوراک حیوانات
корм
خرس پاندا
панда

حیوانات

животные

فیل

слон

کانگورو

кенгуру

کرگدن

носорог

گوریل

горилла

خرس

медведь

شتر
верблюд

شترمرغ
страус

شیر
лев

میمون
обезьяна

فلامینگو
фламинго

طوطی
попугай

خرس قطبی
белый медведь

پنگوئن
пингвин

کوسه
акула

طاووس
павлин

مار
змея

تمساح
крокодил

نگهبان باغ وحش
служитель зоопарка

خوک آبی
тюлень

پلنگ امریکایی
ягуар

اسب کوچک

пони

پلنگ

леопард

اسب آبی

бегемот

زرافه

жираф

عقاب

орёл

گراز

кабан

ماهی

рыба

لاک پشت

черепаха

شیرماهی

морж

روباه

лиса

غزال

газель

# ورزش ها

# спорт

فوتبال آمریکایی
американский футбол
دوچرخه سواری
езда на велосипеде
تنیس
теннис
بسکتبال
баскетбол
شنا
плавание
هاکی روی یخ
хоккей
بوکس
бокс

فوتبال

футбол

بدمینتون

бадминтон

دوومیدانی

лёгкая атлетика

هندبال

гандбол

اسکی

лыжный спорт

پولو

поло

# فعالیت ها

# действия

خندیدن
смеяться
پریدن
прыгать
بغل کردن
обнимать
راه رفتن
идти
آواز خواندن
петь
رؤیا دیدن
мечтать
دعا کردن
молиться
بوسیدن
целовать

نوشتن

писать

رسم کردن

рисовать

نشان دادن

показывать

هل دادن

нажимать

دادن

давать

برداشتن

брать

داشتن

иметь

انجام دادن

делать

بودن

быть

ایستادن

стоять

دویدن

бежать

كشیدن

тянуть

پرتاب کردن

бросать

افتادن

падать

دراز کشیدن

лежать

منتظر بودن

ждать

حمل کردن

носить

نشستن

сидеть

لباس پوشیدن

надевать

خوابیدن

спать

بیدار شدن

просыпаться

تماشا کردن

рассматривать

گریه کردن

плакать

نوازش کردن

гладить

شانه کردن

причесывать

حرف زدن

говорить

فهمیدن

понимать

پرسیدن

спрашивать

شنیدن

слушать

آشامیدن

пить

خوردن

кушать

مرتب کردن

наводить порядок

عاشق بودن

любить

پختن

готовить

رانندگی کردن

ехать

پرواز کردن

летать

قایقرانی کردن

ходить под парусом

محاسبه کردن

считать

خواندن

читать

یاد گرفتن

учиться

کار کردن

работать

ازدواج کردن

вступать в брак

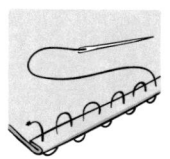

دوختن

шить

مسواک زدن

чистить зубы

کشتن

убивать

سیگار کشیدن

курить

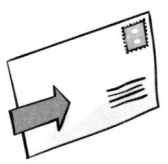

فرستادن

отправлять

# خانواده
## семья

مادربزرگ
бабушка
پدربزرگ
дедушка
پدر
папа
مادر
мама
کودک
младенец
فرزند دختر
дочь
فرزند پسر
сын

مهمان
гость

خاله، عمه
тетя

دایی، عمو
дядя

برادر
брат

خواهر
сестра

# بدن

# тело

پیشانی
лоб
چشم
глаз
شانه
плечо
انگشت دست
палец
صورت
лицо
چانه
подбородок
دست
кисть
ساق پا
нога
سینه
грудь
بازو
рука


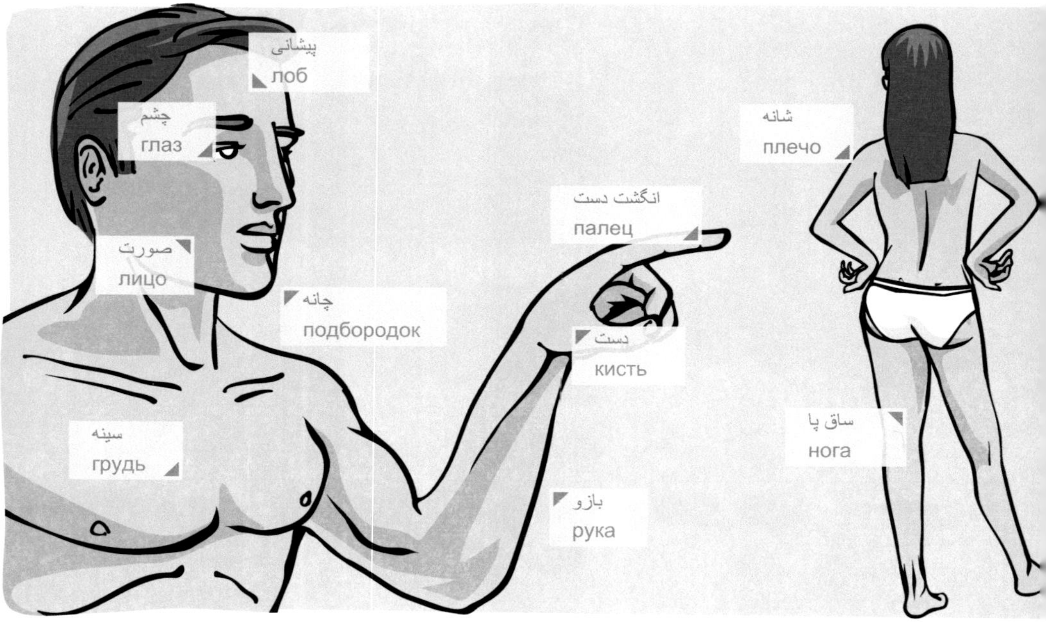

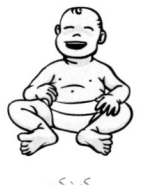

کودک

младенец

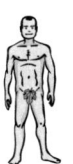

مرد

мужчина

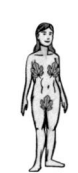

زن

женщина

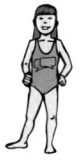

دختربچه

девочка

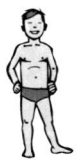

پسربچه

мальчик

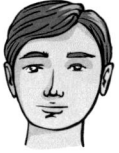

کله

голова

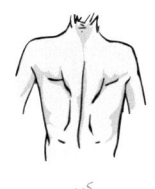

كمر

спина

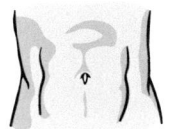

شكم

живот

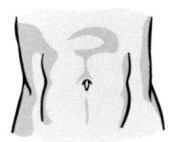

ناف

пупок

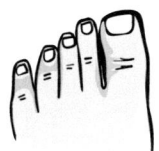

انگشت پا

палец ноги

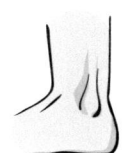

پاشنه

пятка

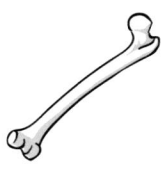

استخوان

кость

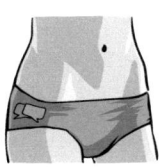

لگن

бедро

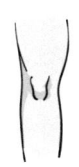

زانو

колено

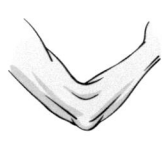

آرنج

локоть

بینی

нос

نشیمنگاه

ягодицы

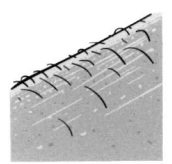

پوست

кожа

گونه

щека

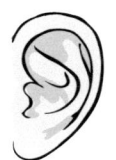

گوش

ухо

لب

губа

بدن - тело

دهان

рот

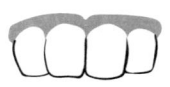

دندان

зуб

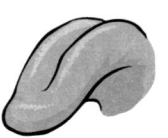

زبان

язык

مغز

мозг

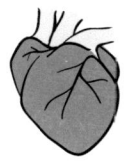

قلب

сердце

عضله

мышца

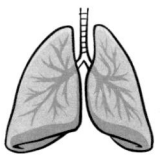

ریه

лёгкое

کبد

печень

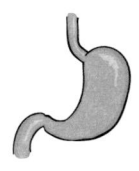

معده

желудок

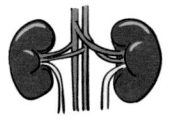

کلیه

почки

آمیزش جنسی

половой акт

کاندوم

презерватив

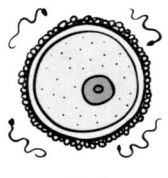

تخمک

яйцеклетка

اسپرم

сперма

حاملگی

беременность

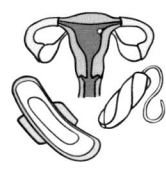

پریود

менструация

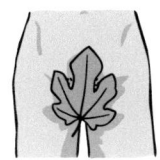

واژن

вагина

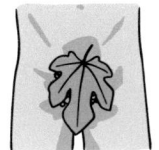

آلت تناسلی مرد

пенис

ابرو

бровь

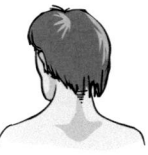

مو

волосы

گردن

шея

# بیمارستان
# больница

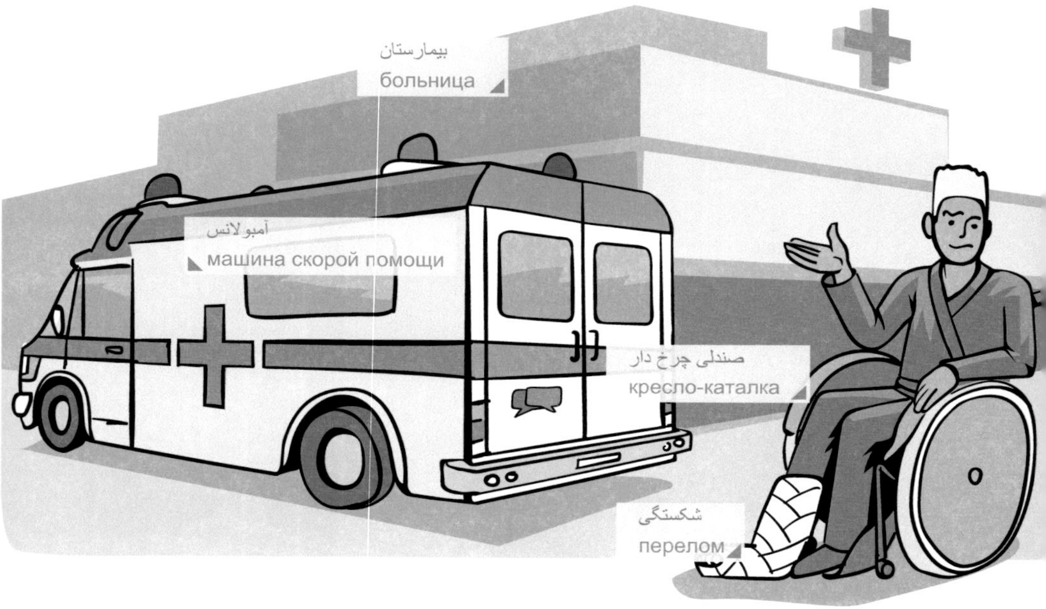

بیمارستان
больница
آمبولانس
машина скорой помощи
صندلی چرخ دار
кресло-каталка
شکستگی
перелом

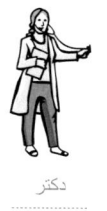

دکتر
врач

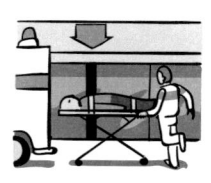

بخش اورژانس
пункт первой помощи

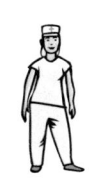

پرستار
медсестра

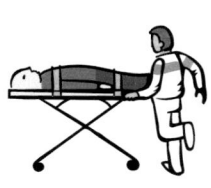

موقعیت اضطراری
неотложный случай

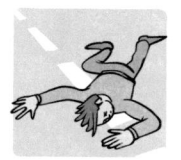

بی هوش
без сознания

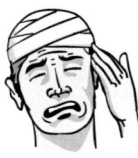

درد
боль

مصدومیت

повреждение

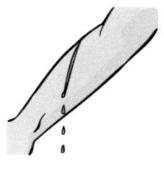

خونریزی

кровотечение

سکته قلبی

инфаркт

سکته مغزی

инсульт

آلرژی

аллергия

سرفه

кашель

تب

овышенная температура

آنفولانزا

грипп

اسهال

понос

سردرد

головная боль

سرطان

рак

دیابت

диабет

جراح

хирург

چاقوی جراحی

скальпель

عمل جراحی

операция

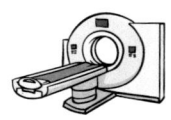

سی تی اسکن

КТ

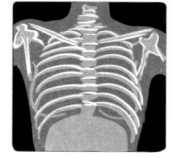

پرتونگاری

рентген

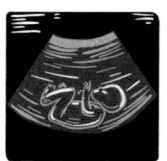

سونوگرافی

ультразвук

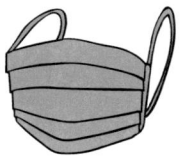

ماسک صورت

маска

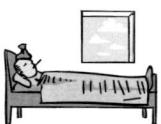

بیماری

болезнь

اتاق انتظار

приёмная

چوب زیر بغل

костыль

چسب زخم

пластырь

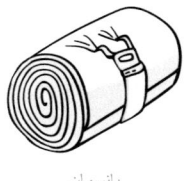

پانسمان

бинт

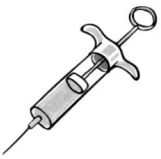

تزریق

укол

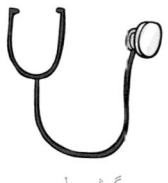

گوشی طبی

стетоскоп

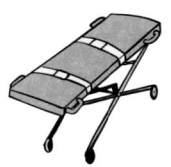

برانکار

носилки

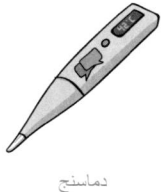

دماسنج

термометр

زایش

рождение

اضافه وزن

избыточный вес

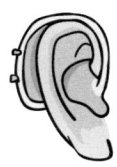

سمعک

слуховой аппарат

ماده ضد عفونی کننده

дезинфекционное средство

عفونت

инфекция

ویروس

вирус

اچ آی وی / ایدز

ВИЧ / СПИД

دارو

лекарство

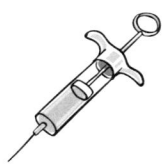

واکسیناسیون

прививка

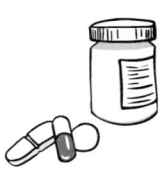

قرص

таблетки

قرص ضد حاملگی

противозачаточная таблетка

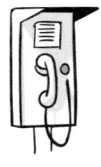

تماس اظطراری

экстренный вызов

دستگاه اندازه گیری فشارخون

прибор для измерения кровяного давления

مریض / سالم

больной / здоровый

# موقعیت اضطراری
# неотложный случай

کمک!

Помогите!

آژیر خطر

сигнал тревоги

حمله

нападение

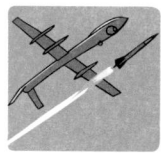

حمله ی فیزیکی

атака

خطر

опасность

خروج اظطراری

запасной выход

آتش

Пожар!

کپسول آتش‌نشانی

огнетушитель

تصادف

несчастный случай

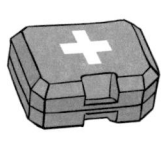

جعبه کمک های اولیه

аптечка

درخواست کمک

SOS

پلیس

милиция

# کره زمین

# земля

اروپا

Европа

آمریکای شمالی

Северная Америка

آمریکای جنوبی

Южная Америка

آفریقا

Африка

آسیا

Азия

استرالیا

Австралия

اقیا نوس اطلس

Атлантический океан

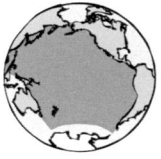

اقیانوس آرام

Тихий океан

اقیانوس هند

Индийский океан

اقیا نوس اطلس جنوبی

Антарктический океан

اقیانوس منجمد شمالی

Северный Ледовитый океан

قطب شمال

Северный полюс

قطب جنوب

Южный полюс

قاره قطب جنوب

Антарктика

کره زمین

земля

سرزمین

суша

دریا

море

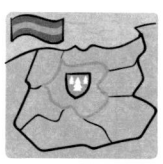

جزیره

остров

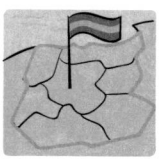

ملت

нация

کشور

государство

# ساعت
# часы

صفحه ی ساعت

циферблат

ساعت شمار

часовая стрелка

دقیقه شمار

минутная стрелка

ثانیه شمار

секундная стрелка

ساعت چند است؟

Который час?

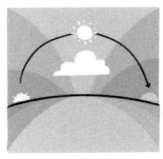

روز

день

زمان

время

اکنون

сейчас

ساعت دیجیتال

электронные часы

دقیقه

минута

ساعت

час

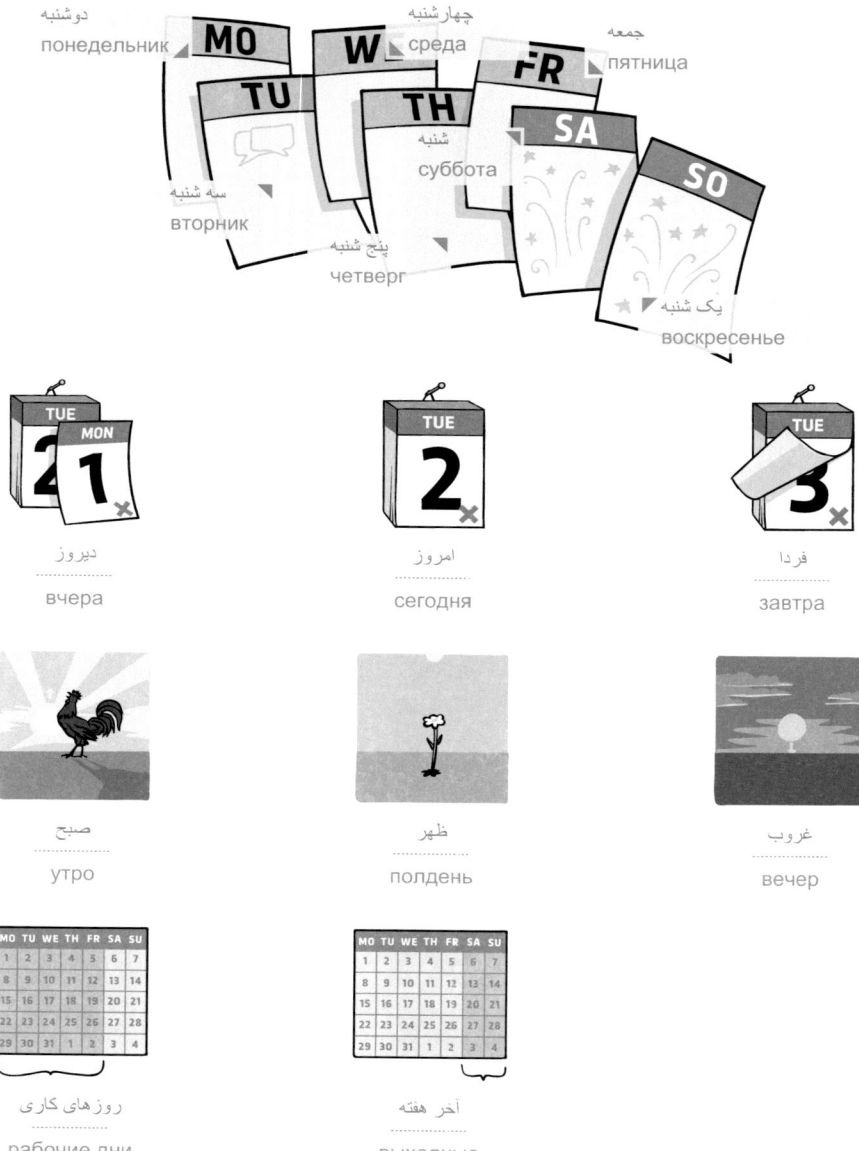

# هفته

# неделя

MO
TU
W
TH
FR
SA
SO
دوشنبه
понедельник
سه شنبه
вторник
چهارشنبه
среда
پنج شنبه
четверг
جمعه
شنبه
суббота
یک شنبه
воскресенье

دیروز

вчера

امروز

сегодня

فردا

завтра

صبح

утро

ظهر

полдень

غروب

вечер

روزهای کاری

рабочие дни

آخر هفته

выходные

# سال

# год

باران
رنگین کمان
радуга
برف
снег
باد
ветер
بهار
весна
پاییز
осень
تابستان
лето
زمستان
зима

پیش‌بینی اوضاع جوی

прогноз погоды

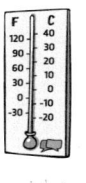

دماسنج

термометр

تابش آفتاب

солнечный свет

ابر

туча

مه

туман

رطوبت هوا

влажность воздуха

صاعقه

молния

آسمان غره

гром

طوفان

буря

تگرگ

град

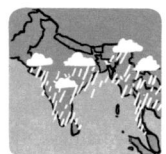

باد موسمی

муссон

سیل

наводнение

یخ

лёд

ژانویه

январь

فوریه

февраль

مارس

март

آوریل

апрель

مه

май

ژوئن

июнь

ژوئیه

июль

آگوست

август

سپتامبر

сентябрь

اکتبر

октябрь

نوامبر

ноябрь

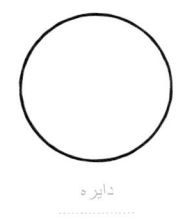

دسامبر

декабрь

# آشکال

# формы

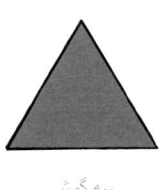

دایره

круг

مربع

квадрат

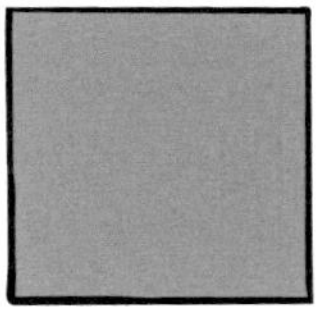

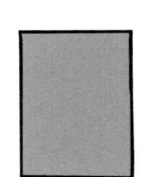

مستطیل

прямоугольник

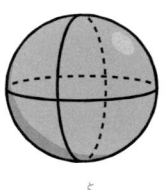

سه گوش

треугольник

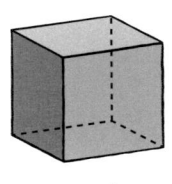

کُره

шар

مکعب مربع

куб

# رنگ ها
# цвета

سفید

белый

زرد

желтый

نارنجی

оранжевый

صورتی

розовый

قرمز

красный

بنفش

лиловый

آبی

синий

سبز

зелёный

قهوه ای

коричневый

خاکستری

серый

سیاه

черный

# متضاد ها

# противоположности

خیلی / کم

много / мало

خشمگین/ ارام

яростный / мирный

زیبا / زشت

красивый / уродливый

شروع / پایان

начало / конец

بزرگ / کوچک

большой / маленький

روشن / تیره

светлый / темный

برادر / خواهر

брат / сестра

تمیز / الوده

чистый / грязный

کامل / ناقص

полный / неполный

روز / شب

день / ночь

مرده / زنده

мёртвый / живой

پهن / باریک

широкий / узкий

قابل خوردن / غیر قابل خوردن

съедобный / несъедобный

غضبناک / مهربان

злой / дружелюбный

هیجان زده / بی حوصله

взволнованный /
скучающий

چاق / لاغر

толстый / худой

اولین / آخرین

сначала / в конце

دوست / دشمن

друг / враг

پر / خالی

полный / пустой

سفت / نرم

твёрдый / мягкий

سنگین / سبک

тяжёлый / легкий

گرسنگی / تشنگی

голод / жажда

مریض / سالم

больной / здоровый

غیرقانونی / قانونی

незаконный / законный

باهوش / خنگ

умный / глупый

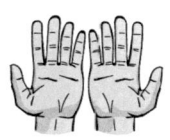

چپ / راست

слева / справа

نزدیک / دور

близко / далеко

نو / استفاده شده

новый / подержанный

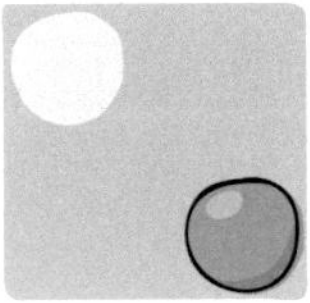

هيچ چيز / چيزى

ничто / нечто

پير / جوان

старый / молодой

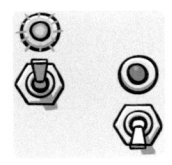

روشن / خاموش

включено / выключено

باز / بسته

открыто / закрыто

أهسته / بلند

тихо / громко

ثروتمند / فقير

богатый / бедный

درست / غلط

правильный /
неправильный

زبر / صاف

шероховатый / гладкий

غمگين / خوشحال

печальный / счастливый

كوتاه / بلند

короткий / длинный

كند / تند

медленный / быстрый

تر / خشک

мокрый / сухой

گرم / خنک

тёплый / прохладный

جنگ / صلح

война / мир

متضاد ها - противоположности

87

# اعداد
# цифры

| | | |
|---|---|---|
| 0 | 1 | 2 |
| صفر | یک | دو |
| ноль | один | два |
| 3 | 4 | 5 |
| سه | چهار | پنج |
| три | четыре | пять |
| 6 | 7 | 8 |
| شش | هفت | هشت |
| шесть | семь | восемь |
| 9 | 10 | 11 |
| نه | ده | یازده |
| девять | десять | одиннадцать |

12

دوازده

двенадцать

13

سیزده

тринадцать

14

چهارده

четырнадцать

15

پانزده

пятнадцать

16

شانزده

шестнадцать

17

هفده

семнадцать

18

هجده

восемнадцать

19

نوزده

девятнадцать

20

بیست

двадцать

100

صد

сто

1.000

هزار

тысяча

1.000.000

میلیون

миллион

# زبان ها

## языки

انگلیسی

английский

انگلیسی آمریکایی

американский английский

چینی ماندارین

мандаринский китайский

هندی

хинди

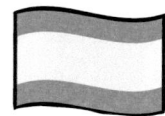

اسپانیایی

испанский

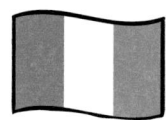

فرانسوی

французский

عربی

арабский

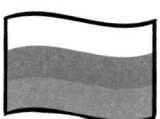

روسی

русский

پرتغالی

португальский

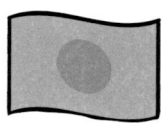

بنگالی

бенгальский

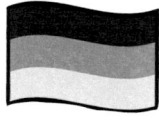

آلمانی

немецкий

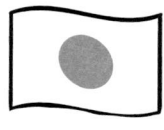

ژاپنی

японский

# چه کسی / چه چیزی / چگونه

## кто / что / как

من

я

تو

ты

او

он / она / оно

ما

мы

شما

вы

آنها

они

چه کسی؟ کی؟

кто?

چی؟

что?

چگونه؟

как?

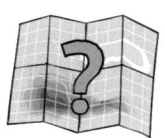

کجا؟

где?

کی؟

когда?

نام

имя

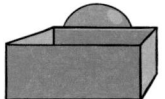

# کجا

# где

پشت

за

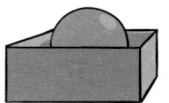

توی

в

جلو

перед

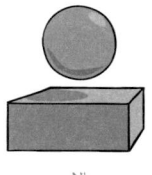

بالای

над

روی

на

زیر

под

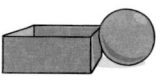

مجاور

рядом

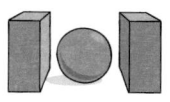

بین

между

مکان

место